[德] 乌尔里希·普拉曼　贝恩德·沙夫勒　/ 著
宋逸伦　/ 译

越野行走
Nordic Walking

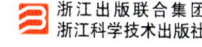
浙江出版联合集团
浙江科学技术出版社

目录

> **1. 持杖行走的乐趣**   **05**
  轻松入门   05
  付出和回报   06
  "瘦身革命"   07
  休息得太久会生锈   07
  越野行走改善体质   08
  越野行走的培训   09
  柔和的运动方式   09
  越野行走对健康的 10 个积极作用   11

> **2. 基本装备**   **15**
  手杖   15
  越野行走鞋   19
  服装   21
  运动心率表——不可忽视的装备   23
  其他辅助装备   24

> **3. 入门训练**   **27**
  掌握技术才能获得好成绩   27
  基本要领   28
  正确的起步方式   28
  正确的基本动作   30
  越野行走入门——轻松 4 步曲   32
  基础知识   34
  训练强度和频率   36
  激励   38

完整的训练内容	41
热身运动	42
力量训练	46
配合手杖的力量训练	48
配合手杖的伸展运动	52
针对不同地形运用技巧	56
进阶训练	58

> 4. 训练计划 — 61
- 前12周训练的决定性因素是什么 — 61
- 从第13周开始记录训练消耗的体力 — 61

> 5. 健康饮食 — 79
- 合理的饮食 — 79
- 提供能量的食物 — 80
- 一份健康的食谱应该这样搭配 — 81
- 供求比例 — 81
- 能量守恒 — 82
- 后燃烧效应 — 83
- 饮食日志 — 83
- 相信自己的味觉 — 85
- 多喝健康饮料 — 85
- 给身体放一天假 — 85
- 每周一次果蔬汁日 — 86
- 用心调味 — 86
- 吃出好心情 — 86

1. 持杖行走的乐趣

> 越野行走是一项根据21世纪社会需求量身定制的运动,一来它花费不多,二来也不会给参与者带来过重的身体负担。最重要的是:这项运动能使我们在身体和精神这两个层面都得到显著的锻炼。

轻松入门

来自哈茨区易北河畔的 Doris Fuellgrabe 曾经试图通过各种方式,包括体操和有氧运动来遏制自己不断增加的体重,重塑其美好的身材。但是,每周在健身中心里仅仅进行1小时的集体训练,对她来说这点运动量实在是太小了,而且她也没有毅力独自在家进行这些运动。为了减肥,她必须多付出几倍的努力,实在是很辛苦。对于她这样体型丰满而又刚开始进行运动的人来说,慢跑无疑太过费劲了,如果选择走路,又会觉得过于单调,所以两个星期之后,她就感到自己体内的运动激情枯竭了。这种状态一直持续到几个月前,她加入刚刚兴起的越野行走团体中为止。在这个团体里,共有6名志趣相投的爱好者,每周一起训练3次。现在,这项需要拄着手杖进行的运动对

Doris Fuellgrabe 来说已经是驾轻就熟了。她对此津津乐道:"我现在每天早上都要拿着手杖走上一段,我非常享受这项运动。"另外一个惊喜是,57 岁的她在此期间足足减了 7 千克体重。

付出和回报

来自阿格瑙地区阿特郎河畔的汽车行老板 Lothar Weinhart 不知道下了多少次决心,想要增加自己的运动量。虽然他早年也确实热衷过打冰球和网球,但到最后,他还是没能找到一种适合他那少得可怜的业余时间的运动项目。高尔夫球对他来说过于昂贵了,而跑步又有损关节。最后,还是越野行走运动接纳了他,开始时的疑惑("这玩意儿真的适合像我这样的男人么?")很快就被甩到了一边。现在,这个 44 岁的男人已经完全爱上了这项运动,并开始称赞起它的好处:"花的时间很少,而且确实能起到增强体质、清醒头脑的作用。"

而在来自汉堡的女记者 Marie Tietze 看来,直观的感受才是最重要的。在接触这项运动之前,她一直把那些参与者们看成是"在做军事演习的天线宝宝",并把他们的动作嗤笑为"健身房动作"。不过,为了更确切地了解这项运动今后发展的大趋势,她也参加了一堂训练课。结果,仅仅 15 分钟,她就被自己身体的反应所征服了。她感到明显的但是却并非难以忍受的疲劳:手臂沉重,胸部和臀部有轻微紧绷感,走路的姿势变得笔挺。1 小时的体验课结束之后,她原先的那些偏见和想当然的想法都烟消云散了:"虽然才刚开始,不过确实很有意思。"

> 不管在实践中获得多小的进步,都比纸上谈兵要强得多。

难度适中,运动量也不会过大,能有效地减肥,有益身心且确实能给人带来乐趣——这一系列的优点诠释了为什么越野行走会被视为一种为21世纪的人们所量身定制的运动项目。

"瘦身革命"

"现在跑步已经离不开手杖了。"德国著名女性杂志《布里吉特》如此褒奖这项运动。"瘦身运动的一场革命"、"面向未来的运动方式"、"最经济的塑身方式"(《快乐健身》杂志的评价)、"最受欢迎的健康运动"(《焦点》杂志的评价)……诸如此类的报刊头条体现出各界对这项运动的喜爱。越野行走很快就风靡成为一项大众体育运动——比那些思想最大胆的乐观者预计得还要快。不管是老年妇女还是年轻妈妈,退休者还是上班族,刚投身这项运动的新手还是有经验的或从其他运动转过来的老手——所有人都能在这项运动里找到新的乐趣。同时,越野行走也非常适合那些从事职业体育的运动员(马拉松选手和足球运动员)。首先,这种柔和的运动方式对他们日常的高强度训练是一种很好的补充;其次,这也是一个让他们学习如何用休闲运动调节身体的好机会。

简单易学、节奏感强且很受欢迎的越野行走,正在从时尚运动发展成为一种常规运动,甚至可能会成为一种群众性体育运动。

休息得太久会生锈

运动能有效地预防一些顽疾,比如令人讨厌的运动功能衰退症——也被称为行为障碍症。可能随之接踵而来的其他疾病还有:心肌梗死、身体畸形、关节炎、骨质疏松症、慢性疲劳、睡眠失调或高血压病。

但人们对这种现象也不是完全无能为力。例如,可以通过等量、高效的压力刺激来强化肌肉组织。这种刺激不会在我们坐着的时候产生,而只会在我们运动的时候产生。具体过程是:首先,我们的有机组织(包括大脑)会发出供血的指令;然后,整个系统开始运转,体内杂质被运走,氧气供给量增加,脑内啡加速分泌。

享受运动与体验的自然之旅!

如果缺乏足够的运动量,心脏这个人体内最不知疲倦的发动机就会陷入缺氧状态。当肌肉处于迟钝状态时,我们的骨骼、肌肉组织中胰岛素受体(胰岛素结合位点)的敏感度也会随之下降,这会导致胰岛素的分泌量增加,直接后果就是血液内胰岛素含量不断升高,使我们面临动脉硬化的威胁。相关领域的研究人员认为,这还可能导致更糟的结果,比如对脑部的刺激不足等,进而加速大脑和神经系统的老化过程。

越野行走改善体质

定期参加越野行走对身体的好处显而易见,它能帮助您改善身体机能、协调精神和体能的关系——这将令您终身受益。

越野行走的形式和效果与另一种健康运动——滑雪有很多相似之处。不过,相对而言,越野行走对时间和地点的要求更少。与其他大多数体育运动(比如骑车)只能短时间地对臂部和臀部等部分肌肉组织进行训练不同,越野行走能锻炼人身体内

90%的肌肉组织。美国田纳西州达拉斯库帕学院的研究结果显示：大部分肌肉组织运动能使心脏收缩频率加快，而使用手杖则能在此基础上再增加大约46%的能量消耗。

越野行走的培训

"除了那些长期不运动的初学者外，越野行走同样也适合那些想增强体质的运动爱好者们。"来自德国科隆体育运动学院、专门从事循环系统与运动医药学研究的Dieter Lagerstrom博士如是说。"定期参加体育运动能促进身心健康，并能全面提高人体机能。"

不过，要参加越野行走运动还是要经过专门培训的。常常有些雄心勃勃的初学者在进行这项运动时动作不够规范。他们虽然在行走时将手杖有力撑地，但是握着手杖的姿势却好像握着雨伞；接着他们就像徒步旅行者那样把手杖在身前垂直插进地里；而他们前后摆动手臂的姿势却又不够有力——所以通常情况下，他们看起来更像是拿着手杖在散步。

跟跄着前行，总好过不断地原地踏步。

只有按照规范的基本技术步骤（参见本书第3章）学会如何控制身体和做动作，您才能真正体会到越野行走的乐趣。

柔和的运动方式

"越野行走是最接近完美的运动。"美国《运动医学》杂志在发表相关研究成果时如此定义。

与慢跑相比，越野行走在整个过程中没有腾空阶段，且大部分负荷被手杖分担,所以,即使那些胖子或有关节问题(膝盖、髋和背部疼痛)的人想要参加也完全没有问题,因为这项运动能更好地保护关节。减负后的肌肉会变得活力十足,绷紧的颈部肌肉也能通过这种有节奏的运动得到放松。总而言之,越野行走给了许多人一个了解他们自己的身体的机会,找到一条属于他们自己的健康之路的机会。

越野行走的显著特点

> 简单易学。
> 对地形和天气的要求不高,任何时候都能进行。
> 对季节没有要求,需要的花费和成本也不高。
> 是一种很好的塑身运动。运动强度可根据个人情况进行调节。除了速度(快/慢)、地形(陡峭/平坦)、手杖的硬度(视手杖要承受的压力大小而定)可以调节外,还可以根据需要增加特殊的脚步和跳跃练习(包括行走、快步跑、慢跑、跳跃、单脚跳以及力量训练等)。
> 即使在不平整的地面上,也能使运动者在步行时感觉稳当,这对老年人来说增加了安全系数。
> 有许多需要借助手杖进行的力量和伸展训练,在训练过程中可穿插多种跳跃、脚步练习和游戏。可以在健身中心参加集体训练,也可以找几个朋友一起练习。

越野行走对健康的 10 个积极作用

越野行走能全面锻炼参与者的身心,强化心血管循环系统、肌肉组织以及整个有机体的机能,锻炼有氧状态下的耐力。定期参加越野行走还能稳定胆固醇水平和血压水平。此外还有:

> 如果你不想改变,那么一切都不会改变。如果你想改变,那么一切都可以被改变。

1. 越野行走有助于瘦身

越野行走是减轻体重的理想方式。它会调动我们全身 90% 的肌肉(首先当然是上半身部分的肌肉组织)并刺激新陈代谢,是一种能快速燃烧脂肪和能量的运动。因此,它适合于想要轻松减肥的人士。

2. 越野行走有益健康

越野行走能释放我们日常累积的压力,改善我们的健康状况,增强自我意识和存在感。除了这些,越野行走还有助于改善睡眠。

3. 越野行走能强化免疫系统

定期在空气新鲜的环境中运动能增强抵抗力,减少感染病菌的危险。

4. 越野行走能改善氧供给

越野行走能增加肺活量,并把氧气输送到身体的各个部位。

一般情况下，氧气和二氧化碳都是通过肺泡进出毛细血管的，而深呼吸能加强肺泡内气体交换，从而间接影响担负运氧工作的红细胞。越野行走过程中，人体内红细胞的数量会增多，我们的器官和组织都能从中获益——获得更多氧气供给。

5. 越野行走能给关节减负

奔跑中每次脚底踩到地面上时，我们的髋部、膝盖和其他关节都会承受大约为体重3.5~5倍的压力。平常走路时，这个压力大约是体重的1.8倍。相比之下，越野行走过程中对关节的压力要小得多。

越野行走能润滑关节

适当的运动能增加关节部分润滑液（称之为关节滑液）的分泌。这种关节滑液对软骨组织的营养供给和保护关节表面、避免不必要的摩擦损害都有重要作用。除了能预防关节炎，它还能保护我们的肌肉组织。肌肉和韧带也能起到保护关节和软骨、避免意外冲击和伤害的作用。"缺乏锻炼的成年人，在20~70岁期间会失去最多可达40%的肌肉组织。"德国运动医药防治协会的克劳斯·斯坦巴赫博士警告说。定期参加越野行走运动能稳固关节和骨骼，最重要的是能有效防治关节炎，因为起支撑作用的手杖可以减轻关节软骨、韧带组织以及下肢骨骼所承受负担的一半之多。

6.越野行走能锻炼背部

越野行走能缓解肩膀和颈部的肌肉痉挛,并能有效防止背部疼痛,尤其适合那些长期伏案工作的人。它还能减轻运动器官的负担,最高比例可达 30%。另外,芬兰学者的长期研究显示,有一半的脊柱病患者通过越野行走运动缓解了疼痛。

7. 越野行走有助于缓解肌肉紧张

越野行走好比是一种天然、柔和的刺激和调节,能增强人体上半身的灵活性,尤其是在日常生活中不被注意的颈部和脊柱部分。

8. 越野行走能抗衰老

有规律的运动能延缓自然衰老的过程,也能长期保护骨骼和关节的灵活性。

9. 越野行走是理想的复健运动

对那些受过伤的运动员来说,越野行走是一种最适合于复健的户外运动。

10. 越野行走是一项快乐运动

有规律的运动能增强性欲和提高性生活质量。

在这 10 个作用中,哪一个对您最有吸引力呢?

2. 基本装备

花在越野行走上的钱是物有所值的。相对来说，购置越野行走装备的成本并不高，因为这项运动的原则就是不局限于场地和时间，随时随地都可以开展：它所需的仅仅是一双鞋，一件合适的外套和两根特制的越野行走手杖。

手杖

手杖是最重要的手部工具

千万不要在手杖的费用上节省，因为这两根手杖要承担特殊的任务：它们必须尽可能地轻，而且要有足够的弹性。当然，硬度必须达到要求。做热身运动、伸展运动和力量训练时都会用到它。如果足够硬，遇到恶狗挡道时也能用它来防身。

越野行走的手杖与用于滑雪、徒步行走和登山的手杖并不是一回事。准确地说，它是方向控制装备中的一部分，一般都选用铝、碳纤维或玻璃碳纤维等高强度（从拉力和压力上综合考虑）的材料来制造。因为手杖要起到引导、支撑和减震的作用，所以其材料必须符合越野行走过程中的各种要求。体重较轻的人一般只需柔软的手杖（碳纤维或者玻璃碳纤维材质）就能很好地完成所有训练项目。相对而言,如果一个体重100千克的男子要达到这个目标,就需要更坚固的手杖(碳纤维材质)。市面上还有一种两段式可调节的手杖,我们称之为伸缩手杖。目前,越来越多的生产厂家正在加入对越野行走手杖市场的争夺。

> 成功的真正秘诀是持之以恒的激情。
> ——沃尔特·克莱斯勒

好的手杖要多少钱

入门级别的手杖一般是50欧元起步。手柄质量较好且配有沥青垫的手杖,价格大约为70欧元。高级特轻材质(碳纤维附带软木手柄)的手杖能卖到大约100欧元以上。在中国,越野行走手杖的价格在100多元至几百元之间。

哪种材质的手杖性价比最高

选择手杖常常是靠感觉的。有可能的话,您最好还是去专门的器材商店购买,同时尽可能地试用几种不同的材质,并咨询一下那些经过专业培训的销售人员。当然,最终还是要根据您的训练目标、训练时的地形等来决定您的选择。

手杖底部尖头

手杖的底部一般都是铝质尖头,很容易被磨损。高档手杖的尖头选用强化钢,寿命会相对长些,但也必须定期更换。金属尖头应有微斜面,以保证其在受外力冲击时具有更好的支撑力,防止打滑。

各种材料的手杖

材　料	优　点	适用人群
碳纤维	超轻 运动过程中坚固度高 震动幅度小 保护关节	熟练的参与者 专业运动员
玻璃碳纤维	质量轻 比较软 弹性好 保护关节 性价比高	一般参与者 健身爱好者
铝	性价比较高 较柔软 弹性好	注重价格的初学者 一般参与者 健身爱好者

在沥青路面上行走时，最好在手杖底部套上橡胶减震套（垫子），以便减震并增强与地面的摩擦力。此外，减震套也可以减少手杖撞击沥青路面时发出的节奏性噪音（"喀拉、喀拉、喀拉"的声音）。

手柄

手杖的手柄处应该按照人体工程学原理设计，让使用者获得最佳手感。所采用的材质应该是轻便、防水或吸汗的（比如软木、特制塑料等）。最好有一定的厚度，因为比较容易打滑的材料很难握紧，使用者不得不花更大的力气来防止手部打滑。

腕带

就使用的顺手程度而言,腕带的设计至关重要。首先,材料要用牢固但是手感柔软的;其次,面积要足够大,这样才能保证使用者的力度能很好地传到手杖底部。生产厂商们一直都在改进腕带部分的设计,以保证其除了能在运动过程中起到精确导向的功能外,还能有效减轻长时间运动所导致的疲劳。您可以对专业器材店里的众多品牌做个筛选,然后选择其中最适合的一种。

理想的手杖长度

根据越野行走运动的规律,手杖的长度越长,训练的效果就越好,能量的消耗也越多。为了达到训练效果最大化,选择合适的长度也是很关键的。几乎所有的生产厂家都把手杖的长度定在100~140厘米,每5厘米为一节。具体到每个人所需的长度,则要视每个人的体型(躯干、手臂和脚的长度)而定。

一直以来,专业人士对估算手杖长度的理想系数(0.7还是0.72)有很大的争议。针对这一问题,德国越

手杖尺寸:当手杖垂直着地时,手臂弯曲的角度应大于90度。

野行走协会(NWU)在分析了上千盘录像带后推荐了一个经验公式:

> **理想的手杖长度 = 身高(厘米) × 0.66**

根据这个公式所计算出的手杖长度(身高的 2/3),无论是在生理上还是在方便程度上都是最合适的。太长的手杖会导致肩部和肘部关节的回环运动产生偏差——肩膀会不由自主地抬高。长此以往,就会导致痉挛,并使手杖和地面的接触时间变短,进而导致训练效率下降——即向前行进的速度变慢。

越野行走鞋

越野行走时对鞋的要求很高,它要起到支撑、导向、减震和保护的作用。对初学者来说,穿一般的跑鞋即可。但鞋底较软的慢跑鞋就不太适合这项运动了,因为越野行走的步幅较大,穿软底鞋会打滑,时间一长,足底就会出现红肿和水泡。所以,我们推荐您使用专业的越野行走鞋。

如何挑选一双合适的越野行走鞋

首先,鞋子必须合脚。舒适性和良好的支撑性是您选鞋时必须考虑的问题,这是为了保证鞋子跟脚,并且使脚在运动过程中自如伸展。

鞋的另一个重要任务是减震。最新一代的越野行走专用鞋(带有特殊减震系统)在这方面功效显著。此外,鞋子的支撑性

采购越野行走鞋的小诀窍

> 最好去专业运动器材店购买。
> 咨询相关商品的售货员,并告诉他您的脚型、体重,以及打算在哪种地形上展开训练。
> 带上您还在穿的运动袜。如果可能的话,最好再带上一双穿过的运动鞋。内行的售货员很容易根据旧鞋底就能判断出鞋的哪部分受力更多,或者您在之前的运动经历中有没有采取错误的用力方式。
> 脚后跟和鞋子的吻合度要特别注意。
> 要相信您穿上鞋后的第一感觉!
> 如果您选择在早上进行锻炼,那么买鞋的时间最好也安排在早上;如果您喜欢在下班后进行锻炼,那么最好晚上去买鞋。这样能保证您试鞋时的脚感和真正运动时是一致的。
> 如果是定期进行锻炼,那么最好买两双不同公司生产的、不同样式的鞋,以保证您的脚能交替受力,避免脚的局部形成过度劳损。

和是否使用防水的材料(比如 Gore 膜)也是挑选的重要依据之一,特别是有时候需要在雨天和冬天运动。

以下标准有助于帮助您做选择:
> 确定是否合脚(特别是脚后跟)。
> 鞋子必须具有理想的稳定性,不能让您的脚在鞋子里

"游泳"——因为这样会导致长水疱。

> 鞋后跟处应能插入您的拇指。
> 鞋底应坚固但不失灵活,使脚在运动过程中自如伸展。

虽然相比慢跑而言,越野行走作用在韧带和关节上的压力较小,但如果脚部的姿势错误——即过度向侧面扭曲,那还是需要通过专业运动矫形外科医生设计的鞋垫来进行矫正的。一双合适的鞋可以提高运动效率,减少出现受伤和过度疲劳现象的概率。

> 如果我们不尝试挖掘,那么我们永远都不会知道自己的潜力究竟有多大。
> ——巴海明威

服装

越野行走运动本身是没有季节限制的,不过您得针对不同的季节和天气选择相应的服装。过渡性季节您可以穿紧身衣和较轻薄的风衣。如果遇到糟糕的天气,那么一件夹克的花费您是不能省的。夹克(防风和防水)必须是比较紧身的,但不能影响到手部的正常运动,特别是在肩膀和腹股沟的位置不能太紧和有摩擦疼痛感。好的夹克一般分3层:里子、夹层和外部面料。

透气、散热性好、防风、免漂洗

运动期间,身体会处于高热状态,我们必须把多余的热量快速排出体外,以保证"发动机"不会因过热而损坏——所以,我们会出汗。

同时,流汗还有另外一个重要功能,即皮肤表面的汗水蒸发后,能使身体迅速冷却。所以,我们选择服装面料时应该首选人造纤维材料,因为与其他服装面料相比,它能更快排出体表的潮气，更有利于人体与外界的热量交换，让我们感觉更舒适。除了功能性外，生产厂家们在越野行走系列装备中也正在注入越来越多的运动和时尚元素。

在温度较低的环境里，您最好按照"剥洋葱原则"来穿衣：与皮肤直接接触的部分请穿吸汗的人造纤维材质纺织品，之外穿上一层薄的人造纤维服装和透气的夹克。

手套

特制手套是对越野行走手杖的一种有效补充，它能减少在长途行走中手部长水疱和劳损的概率。选购时最好选择全棉材质，而非皮质手套，这样更利于保温。尤其是每次训练伊始，您会注意到这个功能带来的舒适感。

> 解决锻炼时间少的问题的唯一办法就是合理安排现有的时间。

帽子

人体的大部分热量（大约40%）是从头顶散发出去的。天冷的时候，戴帽子能保护耳朵；到了夏天，有檐帽可以帮助我们抵御炙热的阳光，并能防止汗水流到眼睛里（就像一条传统头带所起的作用）。

袜子

如果您想避免脚上磨出水疱，那么最好买一双专业的无缝步行袜，尤其对那些打算进行长途行走训练的人来说，这笔花销是必需的。

运动心率表——不可忽视的装备

具备无线传输技术、内置心率测量仪的运动心率表是越野行走参与者必备的装备。特别是对那些初学者来说,这能帮助他们准确调节和分配运动量与运动强度,并在此基础上制订更有效的运动计划,个人身体状况也能随时得到控制和评估。近年来,作为戴在手腕上的"运动小帮手",运动心率表的普及水平、实用价值、技术种类都有了极大的提升,操作也变得更加简便。

购买运动心率表是非常值得的。它是心脏的扬声器,能为每个人更好地分配自己的运动量和提高运动效率提供精确的参考数据。它其实是一种非常可靠的电子节拍计数器,能告诉您是否达到了您想锻炼的目标,是应该做有氧运动还是做无氧运动,是否在燃烧脂肪和碳水化合物(详情参见本书第 34~36 页)。运动心率表的价位一般在 60 欧元以上(在中国,从 100 多元至上千元不等)。依靠相应的软件,您还可以直接将表中数据输入电脑,对其进行评估、图形化、存档。

如何挑选运动心率表

当您选购运动心率表时,应重视以下几个方面:较大的

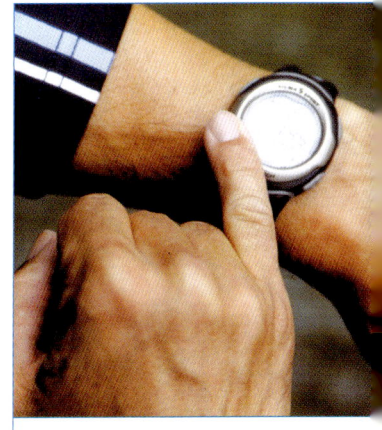

运动心率表能提供关于您身体的重要信息。

显示字体、显示屏背景灯、秒表功能、密码心率传输带等。此外,是否会和其他电子设备互相干扰也要在购买前搞清楚。

其他辅助装备

如果想进一步优化训练条件,那么您可以考虑添置以下几种装备:

腰包和登山包

运动时,汽车钥匙、钱、橡胶垫或者水壶要放在哪里呢?如果您运动的时间和距离比较长,那么最好准备一个腰包或者背一个登山包,这种包要随身携带。

水壶

一旦身体接近脱水状态,各种机能就无法正常运转,并有可能造成各种严重后果,更别谈什么运动的乐趣了。所以,长途行走时您必须始终注意补给充足的水分,最好能保证每30分钟喝两口饮料(苹果汁混合饮料或者普通饮用水尤佳)。

太阳镜

一副高质量的运动太阳镜能让您在运动时看起来更时尚,并保护您的眼睛免受紫外线辐射的伤害,阻挡风和花粉,防蚊和其他令人厌烦的小飞虫。

运动文胸

"不再晃个没完"——这句直白的广告语出自某家运动文

> 我的幸福十分之九是建立在健康基础上的。
> ——亚瑟·叔本华

胸的生产厂家。一款合适的运动文胸,应该既不会让使用者有摩擦疼痛感,又能在提供足够活动空间的同时给胸部提供足够的支撑。这样,女性参与者才能无后顾之忧地投入越野行走这项运动。文胸的加工工艺非常重要,因为揿钮、拉链或扣钩的一点点误差都会给使用者带来极大的不便。

头灯

如果您在光线不佳时也想"眼观六路",那么您就需要一盏仅重125克、配有前反射器、后部有发光二极管作为辐射光源的便携型头灯。有了这样的装备,您就能在夜间安全地进行越野行走。头灯的照明范围最远可达15米。

充满活力——合适的服装能增加运动的乐趣。

3. 入门训练

越野行走并不是一项高难度运动,人人都能学会。尽管如此,一些要领和原则还是必须抓住的。想要完全掌握越野行走的窍门,就必须从基础知识学起。

掌握技术才能获得好成绩

什么情况下我们滑冰和游泳时特别来劲?没错——就是当我们完全掌握技巧的时候。什么情况下我们打网球时特别来劲?对——就是当我们对正反手击球、发球、轻吊球、放高球这些基本手法都得心应手的时候。那么,什么情况下我们越野行走会特别来劲呢?对——就是当我们掌握基本要领的时候。

越野行走的基本技术并不难掌握,但必须学得扎实。所以,这一部分您得花时间去学。掌握了正确的基本技巧,您在运动过程中就会感到非常轻松、乐趣无穷,同时也能更好地保护您的运动器官和各个关节,并达到预期的运动效果(参见本书第11页)。假如使用了错误的技巧,就会使运动事倍功半。所以说,正确的起步方式很重要,关键就是手杖的使用。

手杖总是向后斜点地。当您的左脚跟踩到地面上时,要用右手的手杖支撑;当您的右脚跟触地时,应该用左手的手杖支撑。总之,掌握技巧的原则就是:手杖触地时间越长,锻炼效果就越明显。

基本要领

让我们把越野行走的基本动作放慢后一一讲解。首先,身体略微向前倾斜站立;迈出左脚,手杖置于身体附近;右臂略微弯曲向前伸出,左手(手杖)于臀部靠后位置支撑。然后,右腿向前摆动,胫骨前肌发力绷紧脚部;脚尖与脚趾向上,脚跟先着地,再过渡为全脚掌着地;右脚迈出的同时左臂前摆,手杖尖头支撑在左脚尖与右脚跟之间。

手杖的支撑要保持稳定,在来回摆动手臂的同时张开拳头并保持在臀部高度。肩轴与髋轴根据步子大小转动,做动作时要自然。

越野行走过程中,步子要比平常走路的步子更大,距离更长。一开始您可能不太适应,不过一般几分钟之后就习惯了。

正确的起步方式

> 像平常走路一样。迈出左腿的同时摆动右臂,迈出右腿的同时摆动左臂。

> 脚向前伸出的同时脚跟部分先触地,然后过渡到脚外沿,再到大拇趾,直至整个脚掌着地。

> 膝盖保持略微弯曲,不要完全伸直。

> 上身略微向前弯曲。

> 身体挺直,目视前方。

> 手臂动作在越野行走运动中十分重要,起到辅助作用。您要积极地前后摆动手臂。

> 肩部保持放松,并与同侧的髋部各自向相反方向运动。

> 手杖触地时手要保持握紧,在向后摆动时则要松开并保持在臀部高度以上。也就是说,握在手柄上的手要保持有节奏的一收一放,这种手臂和肩部的一松一紧可以减少训练过程中的疲劳。

> 手杖的位置始终保持在身体附近,手臂的摆动要和步子的大小保持一致。也就是说,手臂来回摆动的幅度越大,迈出的步子也就越大。

专业指南

基础培训并不是必须要参加的,但确实很有用,因为这样能从一开始就避免养成许多姿势上和技巧上的错误习惯。基本技巧掌握得越好,运动时就越轻松,锻炼的效果也会越显著。

正确的基本动作

尝试用轻松愉快的心情投入这项运动。越野行走的基本动作都是比较平和的,能让参与者很容易就体会到运动的乐趣。

手臂动作
手臂尽可能舒展。

张开的手
当摆动到后方时,手部保持张开状态。

手杖位置
前方手杖尖头支撑身体重心,后方手杖尖头与身体保持相当于一手杖长度的距离。

转动
肩轴随着髋轴的转动做自然的反方向旋转。

上半身直立
挺胸收腹。

拳头
前方的手在手杖触地时保持握紧状态。

脚部运动
脚后跟平稳触地,然后过渡到脚外沿,再到大拇趾,直至整个脚掌着地。

越野行走入门——轻松 4 步曲

正式开始练习越野行走基本要领之前,有 4 步简单的练习是您一定要学会的:

第 1 步

手掌穿过腕带,握住手杖。手掌张开,双臂自然下垂并随脚步做前后摆动,拖着手杖前行。

第 2 步

全身放松,有意识地扩大脚步的步幅。很快您就会感觉到,渐渐地可以适应较大的步幅了。同时,您会逐渐感觉到手杖底部和地面摩擦所造成的轻微阻力。

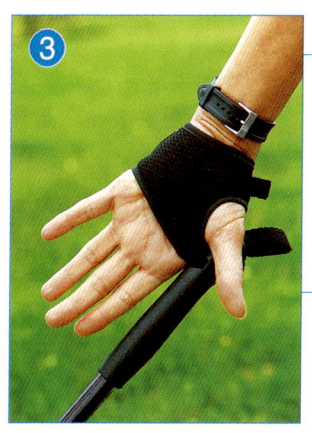

第3步

在行进过程中，伴随着手杖底部和地面摩擦所造成的轻微阻力，会对手臂上半部分（肱三头肌）形成持续压力。手掌要保持张开状态。

第4步

现在您已经基本适应了步幅，可以把手杖握紧并有意识地使用手杖了。

慢节奏

为了更加熟练地掌握这些入门动作的顺序，您可以用比较慢的速度从第一步开始慢慢练习。

基础知识

练得越多效果就越好,这种想法是不对的。如果您想通过越野行走来减肥或者促进新陈代谢,那么了解运动科学方面的相关知识比埋头训练更重要。换句话说,您必须把自己的运动负荷量控制在合理的范围内,过大的运动强度和过快的节奏没有太大意义。即使是雄心勃勃的运动员和职业选手,在进行无氧训练时也不会持续较长时间。

心脏——最能反映训练效果的器官

心脏给我们的身体提供血液和氧气,同时也是一个反映全身状况的"晴雨表",它负责收集有关感官系统(是兴奋、高兴还是生气)和体能的状况(我给身体施加了多少负荷)。这些数据只会通过一种信号显示出来,那就是心跳。心跳数据是非常有说服力的,它能反映出身体所受负荷的强度,比如"我是否运动过度了?我是否运动得还不够?我的运动有效果么",等等。

有3个数据是您应该掌握的:安静心率、最大心率(最大脉搏)和负荷心率,它们是您制订锻炼计划的客观依据。

测量安静心率

测量安静心率的时间最好选在起床前。您可以在颈部或者腕关节处触摸到脉搏,测量15秒内的脉搏数,然后乘以4,所得的数据就是您的安静心率。一般人的安静心率为每分钟70次。有规律的锻炼可以使安静心率每分钟减少20次。

> 有付出才有回报。
> ——乌多·尤尔根

什么是最大心率

运动的强度越大,肌肉需要的氧就越多,以保证您获得运动所需的能量。同时,心脏也会输出更多的血液——它跳得更快了,心率也就增加了。当您逐渐达到运动量的极限时,心率也会达到最高值——最大心率。不过,您在做这样的实验之前,最好先咨询您的医生。

怎样才算是理想的负荷心率数

有一个方法可以比较容易地计算出理想的负荷心率:男性理想负荷心率=220–年龄,女性理想负荷心率=226–年龄。参照这个公式所得:

> 您的运动负荷心率至少要达到这个数值的65%,这样训练才是有效的。

> 您的实际负荷心率不能超过这个数值的85%,否则就过度了。

4种训练状态

	最大心率	训练时间(分钟)	推荐人群
正常状态	50%~60%	80分钟或更多	初学者;处于运动恢复状态的人
脂肪燃烧状态	60%~70%	45分钟或更多	减肥人士;老年运动者;想要通过运动达到塑身效果的人
有氧状态	70%~85%	30分钟	有既定目标的业余运动员
无氧状态	85%~100%	5~8分钟	高强度运动;间歇性运动

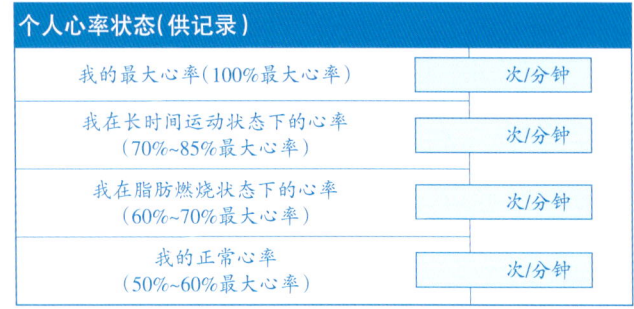

心率表——有效的训练控制器

正如前文所说,心率测量仪的配置十分有意义。在了解了最大心率以及各个运动状态必须达到的心率数后,您就可以知道自己的运动量的上限和下限了。心率表能反映出您是不是处于理想的运动状态,如果不是,心率表会发出响声提醒您。

训练强度和频率

不要过量运动,要针对您自己的需要选择相应的锻炼方式。比如您想减肥,那么就请尽量多进行些有氧运动。

我们的肌肉没有"记忆效应",差不多3~4天后就会把上一次锻炼的效果给"忘记"掉。所以,如果想让您的锻炼获得持续的进展,那么:

> 每周至少锻炼1次。
> 每周2次更好。
> 每周3次就完美了。

对初学者来说，每周高于 3 次的频率且每次锻炼 45～70 分钟的训练在第一个月内最好不要尝试，因为我们的肌肉每接受一次运动负荷就需要 1 天的时间来恢复。等到身体适应后，您才可以尝试每周锻炼 5 次。

一步一个脚印

俗话说："心急吃不了热豆腐。"训练的初始阶段，运动量要适中，过大的运动量会影响您对锻炼的积极性。奇妙的是，如果您感到肌肉有微微的酸痛感，那正是锻炼有效果的表现。肌肉产生疲劳感，就说明您的训练是有效的，说明您正走在通往曼妙身材的康庄大道上。不过，首先要给肌肉一段时间来恢复，它很快就会适应那些之前无法适应的负荷。饭总要一口一口地吃，当您的身体开始要求更大的运动量时，就说明您的身体已经完全适应了。

训练效果是如何产生的

实际的训练效果是通过运动曲线的不断累积而产生的。除了要将事先制订的训练目标与实际的运动负荷量进行协调外，还要不断改善训练量（过度补偿），专业术语称之为"超量恢复"。意思就是说，在感觉上让身体觉得承担了更多负荷，从而产生适应性，使身体在恢复之后能达到比运动前更好的状态。

在经过大运动量训练的阶段后，身体会进入一个恢复期。疲劳的身体会在这个阶段进行自我修复和机能提高。越野行走运动中有规律的耐力训练能极大改善机体在有氧状态下的能

> 耐心的花园里才能长出名叫"实力"的果实。
> ——乌尔里希·普拉曼

量供给能力,同时能促进肌腱生长发育,也能使有自我繁殖能力的糖原体数量增加。如果在之后的每一个阶段您都能做到超量恢复,那么训练效果也会一路飙升。

提高运动量的原则

要想获得理想的锻炼效果,没有耐心是不可能做到的。那些梦想一步登天的人往往因为训练量提升得太快而适得其反。增加应该是持续的,并应该是在质量上。也就是说,每次训练的时长和强度的增加最好不要超过10%。

肌肉酸痛是件糟糕的事吗

我们说"不"。肌肉酸痛在很大程度上表明新的训练强度在起作用。肌肉酸痛一般是因为身体不适应新的运动方式,这种酸痛一般会持续几个小时甚至一直到做完运动的第二天。酸痛一般发生在较结实的肌肉组织周围,并伴有较明显的疼痛感。在此期间,最好避免剧烈的运动。肌肉的正常功能在之后的几天内都会受到影响,您可以通过冰敷、冷水浸泡、冷热水交替冲洗和适量的恢复运动加以缓解。同时,您也要保证摄入充足的水分。在多次锻炼之后,酸痛就会逐渐减轻,甚至消失。

激励

不要期待客观环境来激励您做运动,那是不可能的。只有您自己能持续激励自己。自我激励是最重要、最积极的能量源泉,它取决于我们自身的决心,基于我们的动机,并且推动我们努力锻炼。因此,我们必须先设定某个目标。

设定个人目标

没有目标,会让我们的努力失去方向。通过制订一个明确的目标,能克服类似无所谓、意兴阑珊、无聊、挫败感这样消极的心理状态。当然,前提是能达到这个目标。所以,设定的目标必须是通过不断努力可以达到的。

> 不要制订一些不切实际的目标,否则您会很快失去运动的乐趣。只有成就感和真正的快乐才能成为您继续参与的原动力。

> 把您的目标分成几个时间段,一目了然,然后逐步实现阶段性目标,才能逐步积累虽然小但作用巨大的成就感。

> 有目标的人才能找到成功的道路。
> ——劳特瑟

我想通过参加越野行走得到什么

您为什么而运动?为了身体更强壮,为了减肥,为了和别的练习互相补充或者仅仅是为了缓解压力——总之,您必须要有一个确实的理由,明白究竟您想要从这项运动中得到什么。

我进行越野行走的动力(日记)	

典型错误和正确姿势

错 误	后 果	纠正方法
同手同脚"一顺边"	初学者常犯的错误,会导致不自然的行走姿势	行走时,手掌张开的那只手臂顺势摆动
小碎步	臀部用力不够,导致运动半径过小,缺乏动力	长短步交替,踏步有力
上身前倾	姿势不自然	上身有意识地挺直
手杖插在身前	跑步时受到手杖与地面的摩擦力影响,无法利用手杖	手杖底部略微后倾,并置于身体重心稍后的位置
只用肘关节带动手臂运动	手杖效果不明显,无法向后用力	有意识地大范围前后摆动手臂
髋部缺少推力	您的推进力爆发得不够,需要腿部更加用力	有意识地将手杖往前推

寻找变化

不断地变化训练方式能有效避免运动疲劳:

> 更换行进路线和分支路线。
> 选择不同的时间进行运动。
> 随意选择停下来的地点,然后步行回家。

寻找同伴

训练伙伴能给您提供很大帮助。为什么您就不能抽空参加一次越野行走爱好者交流会呢?每周至少 1 次,这是互相交流经验的好机会。您可以通过各种途径寻找到这种交流会(询问同事和邻居,或者查询相关广告)。

谁能成为我的训练伙伴	
姓名	电话号码
姓名	电话号码
姓名	电话号码

完整的训练内容

如果您想充分发挥自己在越野行走这项运动上的潜力,那么,制订完善的系统性训练计划是很有必要的。

> 充分热身:为了调整身体的循环系统,一开始运动时的节奏要放慢,最好能做些热身运动(参见本书第 42~45 页)。

> 越野行走训练:热身运动之后才是正式的越野行走运动,在开始阶段节奏最好慢一些。

> 散热和恢复运动:当您逐渐适应了一个阶段的运动强度后,以力量训练(参见本书第 48~51 页)和肌肉伸展运动(参见本书第 52~55 页)收尾。

热身运动

为了让您的身体循环系统能逐渐适应慢慢增加的运动负荷,热身运动是很有必要的。时间控制在 5 分钟左右为宜。做完热身运动后,刚开始正式运动时也要放慢节奏。

手臂运动

站稳。双手握住手杖中部,前后摆动手臂。

抬肩运动

站稳。双手握住手杖,自然垂放于身体两侧。两肩交替上抬,每次 30 秒。

踏步运动

膝盖抬高,双臂(交替)做30秒对角线摆动。

腿部运动

手杖固定在地面上,在放松状态下双腿交替前后摆动30秒。

画"8"字

手杖撑地作为支撑,用一条腿尽可能大地画"8"字。每条腿做 30 秒。

抬脚伸展

单脚站立,抬脚做伸展运动,每只脚 20 次。这有助于锻炼胫骨前肌。

用脚画圈

单脚站立,用脚画小圈,每只脚 20 次。这有助于锻炼踝关节。

为什么说热身运动非常重要

热身运动能为肌肉组织提供更多血液和氧气,使其更容易伸展、更灵活,使肌腱与韧带更有弹性,关节更润滑,并增强协调性。总而言之,热身运动能让您的身体在进行剧烈运动时更容易适应,这样就能降低运动伤害的概率。如果不做热身运动,那么在您身体内含氧量达到运动所需前,最多有 4 分钟的时间,您身体内的碳酸、乳酸和其他新陈代谢物质含量会急剧增加(因为缺氧所致),而这些物质正是导致人体产生疲劳感的主要原因。

力量训练

您知道吗？我们的身体每3年就会流失1千克左右的肌肉组织,而其中大部分会被脂肪代替。在20~70岁期间,我们会失去体内骨骼周围将近一半的肌肉组织,其中首当其冲的就是那些有伸缩性的肌纤维,它能在我们摔倒时保护我们,防止我们在落地时不像一包大米那样笨拙,并避免骨折。过度单调的饮食会加速肌肉组织的流失。

有针对性的强化训练可以缓解这种年龄性的肌肉流失现象,以及由此引起的背部痉挛等不良症状。同时,任何人在任何年龄都能短时间锻炼出肌肉组织。

肌肉组织内的脂肪燃烧

脂肪在且只在肌肉内燃烧。当我们有一段时间不进行锻炼时,身体会像铁一样在一定程度上表现出"生锈"的状态。相比那些会永远存在于我们体内的燃烧糖分的酶,燃烧脂肪的酶只会在我们需要它们时保持存在状态,否则它们会在氨基酸内分裂,然后消失。

除了已经提到过的锻炼作用,针对性的强化训练还有其他一些突出的功效,尤其是在减肥方面:

> 适当锻炼肌肉组织。
> 较好的塑身作用。
> 通过更多的肌肉组织增加能量的消耗——不管是在运动中还是在平时。

一旦放弃了,就失去了成为胜利者的机会。胜利者是永不言弃的。

> 增强体能储备,加强身体素质——包括给减肥过程增添乐趣。

越野行走中的肌肉训练

越野行走运动除了能锻炼您的耐力外,还能锻炼您的肌肉强度。首先当然是大腿、臀部、髋部和小腿肚等处的肌肉,此外还包括胸部、肩部和臂部的肌肉组织。

尽管如此,您还是应该安排一些力量练习,并且最好在训练结束时进行。同时,因为任何一种练习都会让身体感到轻微紧张,所以在这之前做充分的热身运动是很有必要的。

运动科学方面的研究表明,反复进行中等强度的肌肉训练效果最为明显。我们并不需要把自己练到极限,或者说,中等强度的负荷对您来说已经足够了。

强有力——90%的肌肉组织都投入使用。

配合手杖的力量训练

作为一个初学者,这些项目您应该重复练习 15 次。如果您是有一定基础的参与者,那么重复 20 次比较适合。可分成 2 轮或 3 轮来进行,并且在每轮之间安排休息时间(大约 1 分钟)。

肩部训练

站稳。双手握手杖两端并举过头顶,再向颈后下拉,同时双手保持向相反方向用力绷紧。再将手杖推回头顶初始位置。双手绷紧的力量始终不要放松。

背部训练

向前迈出小弓箭步,双手握手杖两端,直臂将手杖水平置于身前,高度在肚脐以上位置,将手杖向胸口方向拉。

胸部训练

站稳。膝盖微屈,臀部和腹部绷紧,上半身挺直。握住手杖两端,水平举在胸前。用力向外推手杖,小臂与手杖保持平行。

二头肌训练

站稳。手肘贴紧身体,双手反握手杖并与肩同宽。肌肉用力绷紧,将手杖慢慢朝胸部方向上引,然后再慢慢放下。手肘始终保持贴近身体的状态。

三头肌训练

站稳。双手握手杖,间距较小。肌肉用力绷紧,向下压手杖,然后回复原位。

四头肌训练

手杖向后斜插入地面,尖头位于身体重心之后。臀部向下深蹲,再回复原位。蹲得越低,此项练习的难度就越大。

臀部训练

将手杖插在身前,与胯部同宽。单脚弯曲,向后抬起,直到完全伸展,然后回收至原位。脚尖始终绷紧。

小腿肚

手杖插在比身体重心稍靠后的位置,踮起脚尖。上身尽量保持挺直。

配合手杖的伸展运动

如果您注意观察,一定会发现,狗和猫在活动之前都会伸展四肢(猫弓背),这样,它们接下去要用到的肌肉组织就会处于自然的绷紧状态。动物们天生就知道正确的做法。

我们应该学习动物的这种特性。正确的伸展运动能使全身肌肉和关节变得更柔软、更灵活。伸展运动主要是为接下来的运动做准备,能帮助身体完成从静止状态到满负荷进行大运动量训练的自然过渡。

伸展运动简单易学,并且参与者可以自行和各个训练项目配合进行。

在做持续、放松的伸展运动时,请把注意力集中在您正在伸展的那部分肌肉上,只要将其伸展到有明显拉伸的感觉但无痛感的程度就行了。伸展运动期间身体不要摇晃,否则会对正在拉伸的肌肉组织产生反作用力。同时,还要注意收放的动作不要过猛。

伸展运动注意事项

> 小心翼翼地伸展至有轻微拉伸的感觉。
> 保持伸展状态 20 秒。
> 短暂放松,然后重复伸展运动。
> 伸展时缓慢均匀地吸气,伸展动作停顿时呼气。

胸部运动

站稳。双手握住手杖两端并举过头顶,双臂慢慢向身后拉并保持住。

压背

站稳。双手向前平推手杖,头部向前埋入双臂间,将背部弯成类似猫弓背的形状。

二头肌运动

站稳。上身微屈,反手平握手杖。双臂伸直,向上转动腕关节。

三头肌运动

将手杖放在背后,左手握住手柄下方,右手握住手杖另一端向下拉并保持住。

屈臀运动

保持跨步姿势,手杖撑于身体两边,重心放在前脚,向下压骨盆。或者上身以支撑身体重心的腿为轴向外侧转体,这样肌肉的绷紧度会更大。

小腿肚运动

跨一小步,将手杖撑于身体附近,单腿在体前伸直,抬起脚尖,臀部向后压,上身略微前倾,这能使肌肉最大限度地绷紧。

针对不同地形运用技巧

越野行走的魅力就在于不断的变化和新出现的挑战。除了小路、沙地和碎石路，您还必须在其他比较平坦的路上行走。想想看这多棒啊！当您穿过起伏的草地或者行走于粗糙的林地时，那种感觉是多么让人心旷神怡！当然，前提是您必须掌握应对不同地势的行走技巧。

当您要穿越山地和岩石时，技术的运用就更显重要了，尽管有时候前进的速度很慢。在丘陵起伏的地势上，您的神经会高度紧张，为了保持身体平衡，更多的肌肉组织会投入使用。这些都需要韧带、跟腱和肌肉一起协调工作，因而能量的消耗也就更多，训练的效果也就更好。

上坡

根据坡度和高度的不同，我们在上坡时必须使用多种技术。

上坡时的步幅相对较小，要更多地运用手臂，频繁运用三头肌的力量推动身体前进。还可以这么做动作:用两根手杖同时撑地,可以增强推力。贝恩德·沙夫勒如此描述自己的感受:"当我在山上进行行走的时候,总感觉自己就像一只直立的四足爬行动物。"

下坡

下坡时,我们的肌肉和关节会承受更多的负担,因此技巧的合理应用就显得更为重要了。下坡时,我们要尽量放低髋部,缩小步幅,并依靠手杖做支撑,使上半身重心尽量向后靠。

如果地势十分陡峭,那么要把上臂尽量紧贴在身体附近,以肘关节为中心,双臂来回做对角线移动。移动中步子要迈得小些,脚步要尽量踩实,这样即使出现轻微的失足滑动,也不会有什么大问题。

天然的四轮驱动——凭借良好的技巧,越野行走运动中的上坡和下坡会变得乐趣无穷。

进阶训练

在经历过最初 4 个星期的入门训练后,您将在掌握这项运动的过程中取得惊人的进步。或许您已经注意到自己开始进入"进阶"状态。这很正常。此时,您可以在训练时多尝试越野行走的"变体"(双杖并用、持杖慢跑、小跳步等)技术。

双杖并用

在这个练习中,您仍然要用到越野行走的基本动作。同时使用两根手杖撑地,可以加大您的体力投入而不必通过快速行走来达到这个目的。这种被称之为 3∶1 的技术已经被证明是行之有效的。顾名思义,它指的是每走 3 步使用 1 次手杖。

小窍门：简单地数步子。左脚起步，1-2-3；然后右脚起步，1-2-3。随着熟练程度的提高，您也可以使用 2∶1 技术，也就是每走 2 步使用 1 次手杖（左脚起步，1-2）。为了避免单侧身体的负荷过重，每过 1 分钟，您就应该换一只脚起步（右脚起步，1-2）。

持杖慢跑

在这个练习中，您仍然可以练习越野行走的基本动作。当您的行走速度变为慢跑速度时，腾空时间就相应延长了，您的步子也变为一定程度上的跳步。即使是有经验的耐力运动员，进行这项训练也会感到疲劳。

小跳步

大多数人在孩童年代就已经知道并且喜欢这种跑跳运动了。在小跳步练习中，起跳腿和落地腿应该是相同的，落地后换另一侧如法炮制。要注意主动运用推力，有力地将身体撑离地面。

在接下来的内容中，我们将提供给您一份为期 12 周的训练计划，帮助您一步步成为一个越野行走者。

在此之后，我们推荐您按照本书第 74～77 页的训练日志来进行训练。

4. 训练计划

耐心、良好的适应能力和细致的计划能帮助您逐步实现目标。

前12周训练的决定性因素是什么

可以确定的是,缺乏计划性会使您的训练杂乱无章,失去方向的训练会使您在达到目标的过程中面临更多的困难。想要在训练中获得进展,最好的办法就是制订一个合理的计划。我们向您推荐的以下训练计划已经被研究证明是合理有效的,它能帮助您合理分配时间并达到训练目的。请您务必给自己安排休息时间,合理的饮食和放松对您取得运动效果大有裨益。我们每天都会提醒您该做些什么,请您在相应项目上打钩。

从第13周开始记录训练消耗的体力

通过12周的训练,您已经有了良好的基础。在接下来的16周里,您有必要把各个训练科目(比如越野行走、力量训练、伸展运动)以分钟为单位记录下来,定期测量安静心率和体重(以每周一次为佳),并对自己的训练感受打分(1分 = 我感觉很轻松……5分 = 天哪,强度太大了)。这些能帮助您改善不良的习惯,增加训练的积极性,直到定期训练真正融入您的生活中。

第①周	好极了,开始训练吧		
星期一	5分钟热身运动 35分钟越野行走 5分钟力量训练 5分钟伸展运动	50分钟	○2升水 ○2份水果 ○放松 ○训练热情
星期二			○2升水 ○2份水果 ○放松 ○训练热情
星期三	5分钟热身运动 35分钟越野行走 5分钟力量训练 5分钟伸展运动	50分钟	○2升水 ○2份水果 ○放松 ○训练热情
星期四			○2升水 ○2份水果 ○放松 ○训练热情
星期五			○2升水 ○2份水果 ○放松 ○训练热情
星期六	5分钟热身运动 35分钟越野行走 5分钟力量训练 5分钟伸展运动	50分钟	○2升水 ○2份水果 ○放松 ○训练热情
星期日	桑拿浴		○2升水 ○2份水果 ○放松 ○训练热情

第②周	感到肌肉酸痛了，没关系，会好起来的		
星期一	5分钟热身运动 35分钟越野行走 5分钟力量训练 5分钟伸展运动	50分钟	○2升水 ○2份水果 ○放松 ○训练热情
星期二			○2升水 ○2份水果 ○放松 ○训练热情
星期三	5分钟热身运动 35分钟越野行走 5分钟力量训练 5分钟伸展运动	50分钟	○2升水 ○2份水果 ○放松 ○训练热情
星期四			○2升水 ○2份水果 ○放松 ○训练热情
星期五			○2升水 ○2份水果 ○放松 ○训练热情
星期六	5分钟热身运动 35分钟越野行走 5分钟力量训练 5分钟伸展运动	50分钟	○2升水 ○2份水果 ○放松 ○训练热情
星期日	散步		○2升水 ○2份水果 ○放松 ○训练热情

第③周	展开系统性训练,慢慢来		
星期一	5分钟热身运动 45分钟越野行走 5分钟力量训练 5分钟伸展运动	60分钟	○2升水 ○2份水果 ○放松 ○训练热情
星期二			○2升水 ○2份水果 ○放松 ○训练热情
星期三	5分钟热身运动 45分钟越野行走 5分钟力量训练 5分钟伸展运动	60分钟	○2升水 ○2份水果 ○放松 ○训练热情
星期四			○2升水 ○2份水果 ○放松 ○训练热情
星期五			○2升水 ○2份水果 ○放松 ○训练热情
星期六	5分钟热身运动 45分钟越野行走 5分钟力量训练 5分钟伸展运动	60分钟	○2升水 ○2份水果 ○放松 ○训练热情
星期日	桑拿浴		○2升水 ○2份水果 ○放松 ○训练热情

第④周	好事成"三",所以一周三练是最合适的		
星期一	5分钟热身运动 50分钟越野行走 10分钟力量训练 5分钟伸展运动	70分钟	○2升水 ○2份水果 ○放松 ○训练热情
星期二			○2升水 ○2份水果 ○放松 ○训练热情
星期三	5分钟热身运动 50分钟越野行走 10分钟力量训练 5分钟伸展运动	70分钟	○2升水 ○2份水果 ○放松 ○训练热情
星期四			○2升水 ○2份水果 ○放松 ○训练热情
星期五			○2升水 ○2份水果 ○放松 ○训练热情
星期六	5分钟热身运动 50分钟越野行走 10分钟力量训练 5分钟伸展运动	70分钟	○2升水 ○2份水果 ○放松 ○训练热情
星期日	桑拿浴		○2升水 ○2份水果 ○放松 ○训练热情

第⑤周	哪怕一丁点儿实际行动都强过只在心中描绘宏伟蓝图		
星期一	5分钟热身运动 70分钟越野行走 10分钟力量训练 5分钟伸展运动	90分钟	○ 2升水 ○ 2份水果 ○ 放松 ○ 训练热情
星期二			○ 2升水 ○ 2份水果 ○ 放松 ○ 训练热情
星期三	5分钟热身运动 70分钟越野行走 10分钟力量训练 5分钟伸展运动	90分钟	○ 2升水 ○ 2份水果 ○ 放松 ○ 训练热情
星期四			○ 2升水 ○ 2份水果 ○ 放松 ○ 训练热情
星期五			○ 2升水 ○ 2份水果 ○ 放松 ○ 训练热情
星期六	5分钟热身运动 70分钟越野行走 10分钟力量训练 5分钟伸展运动	90分钟	○ 2升水 ○ 2份水果 ○ 放松 ○ 训练热情
星期日	桑拿浴		○ 2升水 ○ 2份水果 ○ 放松 ○ 训练热情

第 ⑥ 周	我们总是在战胜自己的过程中成长		
星期一	5分钟热身运动 60分钟越野行走 20分钟力量训练 5分钟伸展运动	90分钟	○ 2升水 ○ 2份水果 ○ 放松 ○ 训练热情
星期二			○ 2升水 ○ 2份水果 ○ 放松 ○ 训练热情
星期三	5分钟热身运动 60分钟越野行走 20分钟力量训练 5分钟伸展运动	90分钟	○ 2升水 ○ 2份水果 ○ 放松 ○ 训练热情
星期四			○ 2升水 ○ 2份水果 ○ 放松 ○ 训练热情
星期五			○ 2升水 ○ 2份水果 ○ 放松 ○ 训练热情
星期六	5分钟热身运动 60分钟越野行走 20分钟力量训练 5分钟伸展运动	90分钟	○ 2升水 ○ 2份水果 ○ 放松 ○ 训练热情
星期日	散步		○ 2升水 ○ 2份水果 ○ 放松 ○ 训练热情

第⑦周	没有糟糕的天气,只有糟糕的服装		
星期一	5分钟热身运动 60分钟越野行走 20分钟力量训练 5分钟伸展运动	90分钟	○2升水 ○2份水果 ○放松 ○训练热情
星期二			○2升水 ○2份水果 ○放松 ○训练热情
星期三	5分钟热身运动 60分钟越野行走 20分钟力量训练 5分钟伸展运动	90分钟	○2升水 ○2份水果 ○放松 ○训练热情
星期四			○2升水 ○2份水果 ○放松 ○训练热情
星期五			○2升水 ○2份水果 ○放松 ○训练热情
星期六	5分钟热身运动 60分钟越野行走 20分钟力量训练 5分钟伸展运动	90分钟	○2升水 ○2份水果 ○放松 ○训练热情
星期日	桑拿浴		○2升水 ○2份水果 ○放松 ○训练热情

第⑧周	抗衰老已经过时了,健康老龄化才是时尚潮流		
星期一	5分钟热身运动 70分钟越野行走 20分钟力量训练 5分钟伸展运动	100分钟	○2升水 ○2份水果 ○放松 ○训练热情
星期二			○2升水 ○2份水果 ○放松 ○训练热情
星期三	5分钟热身运动 70分钟越野行走 20分钟力量训练 5分钟伸展运动	100分钟	○2升水 ○2份水果 ○放松 ○训练热情
星期四			○2升水 ○2份水果 ○放松 ○训练热情
星期五			○2升水 ○2份水果 ○放松 ○训练热情
星期六	5分钟热身运动 70分钟越野行走 20分钟力量训练 5分钟伸展运动	100分钟	○2升水 ○2份水果 ○放松 ○训练热情
星期日	散步		○2升水 ○2份水果 ○放松 ○训练热情

第⑨周	超量恢复——这个词就代表着成功		
星期一	5分钟热身运动 70分钟越野行走 20分钟力量训练 5分钟伸展运动	100分钟	○2升水 ○2份水果 ○放松 ○训练热情
星期二			○2升水 ○2份水果 ○放松 ○训练热情
星期三	5分钟热身运动 70分钟越野行走 20分钟力量训练 5分钟伸展运动	100分钟	○2升水 ○2份水果 ○放松 ○训练热情
星期四			○2升水 ○2份水果 ○放松 ○训练热情
星期五			○2升水 ○2份水果 ○放松 ○训练热情
星期六	5分钟热身运动 70分钟越野行走 20分钟力量训练 5分钟伸展运动	100分钟	○2升水 ○2份水果 ○放松 ○训练热情
星期日	桑拿浴		○2升水 ○2份水果 ○放松 ○训练热情

训练计划

第⑩周	不花时间努力就会永远一无所获		
星期一	5分钟热身运动 70分钟越野行走 20分钟力量训练 5分钟伸展运动	100分钟	○2升水 ○2份水果 ○放松 ○训练热情
星期二			○2升水 ○2份水果 ○放松 ○训练热情
星期三	5分钟热身运动 70分钟越野行走 20分钟力量训练 5分钟伸展运动	100分钟	○2升水 ○2份水果 ○放松 ○训练热情
星期四			○2升水 ○2份水果 ○放松 ○训练热情
星期五			○2升水 ○2份水果 ○放松 ○训练热情
星期六	5分钟热身运动 70分钟越野行走 20分钟力量训练 5分钟伸展运动	100分钟	○2升水 ○2份水果 ○放松 ○训练热情
星期日	散步		○2升水 ○2份水果 ○放松 ○训练热情

第⑪周	成绩源于坚持		
星期一	5分钟热身运动 70分钟越野行走 20分钟力量训练 5分钟伸展运动	100分钟	○2升水 ○2份水果 ○放松 ○训练热情
星期二			○2升水 ○2份水果 ○放松 ○训练热情
星期三	5分钟热身运动 70分钟越野行走 20分钟力量训练 5分钟伸展运动	100分钟	○2升水 ○2份水果 ○放松 ○训练热情
星期四			○2升水 ○2份水果 ○放松 ○训练热情
星期五			○2升水 ○2份水果 ○放松 ○训练热情
星期六	5分钟热身运动 70分钟越野行走 20分钟力量训练 5分钟伸展运动	100分钟	○2升水 ○2份水果 ○放松 ○训练热情
星期日	桑拿浴		○2升水 ○2份水果 ○放松 ○训练热情

第⑫周　坚持越野行走的人会变得不一样

星期	训练内容	时长	备注
星期一	5分钟热身运动 70分钟越野行走 20分钟力量训练 5分钟伸展运动	100分钟	○ 2升水 ○ 2份水果 ○ 放松 ○ 训练热情
星期二			○ 2升水 ○ 2份水果 ○ 放松 ○ 训练热情
星期三	5分钟热身运动 70分钟越野行走 20分钟力量训练 5分钟伸展运动	100分钟	○ 2升水 ○ 2份水果 ○ 放松 ○ 训练热情
星期四			○ 2升水 ○ 2份水果 ○ 放松 ○ 训练热情
星期五			○ 2升水 ○ 2份水果 ○ 放松 ○ 训练热情
星期六	5分钟热身运动 70分钟越野行走 20分钟力量训练 5分钟伸展运动	100分钟	○ 2升水 ○ 2份水果 ○ 放松 ○ 训练热情
星期日	散步		○ 2升水 ○ 2份水果 ○ 放松 ○ 训练热情

第⑬周

您可以将您的训练情况登记在这里
请在相应的时间段表栏中记录您所进行的项目

>	10	20	30	35	40	45	50	55	60	65	70	75	80	85	90	95	100	105
星期一	W	N	N	N	N	N	N	N	N	K	K	S						
星期二																		
星期三																		
星期四																		
星期五																		
星期六																		
星期日																		

安静心率			体重			
运动负荷等级			1	2	3	4	5

第⑭周

>	10	20	30	35	40	45	50	55	60	65	70	75	80	85	90	95	100	105
星期一																		
星期二																		
星期三																		
星期四																		
星期五																		
星期六																		
星期日																		

安静心率			体重			
运动负荷等级			1	2	3	4	5

注：W= 热身运动　N= 越野行走　K= 力量训练　S= 伸展运动

第⑮周

>	10	20	30	35	40	45	50	55	60	65	70	75	80	85	90	95	100	105
星期一																		
星期二																		
星期三																		
星期四																		
星期五																		
星期六																		
星期日																		

安静心率			体重		
运动负荷等级			1	2	3	4	5

第⑯周

>	10	20	30	35	40	45	50	55	60	65	70	75	80	85	90	95	100	105
星期一																		
星期二																		
星期三																		
星期四																		
星期五																		
星期六																		
星期日																		

安静心率			体重		
运动负荷等级			1	2	3	4	5

越野行走

第⑰周

>	10	20	30	35	40	45	50	55	60	65	70	75	80	85	90	95	100	105
星期一	W	N	N	N	N	N	N	N	N	N	K	S						
星期二																		
星期三																		
星期四																		
星期五																		
星期六																		
星期日																		

安静心率		体重	
运动负荷等级	1	2	3	4	5

第⑱周

>	10	20	30	35	40	45	50	55	60	65	70	75	80	85	90	95	100	105
星期一																		
星期二																		
星期三																		
星期四																		
星期五																		
星期六																		
星期日																		

安静心率		体重	
运动负荷等级	1	2	3	4	5

第⑲周

>	10	20	30	35	40	45	50	55	60	65	70	75	80	85	90	95	100	105
星期一																		
星期二																		
星期三																		
星期四																		
星期五																		
星期六																		
星期日																		

安静心率					体重				
	运动负荷等级				1	2	3	4	5

第⑳周

>	10	20	30	35	40	45	50	55	60	65	70	75	80	85	90	95	100	105
星期一																		
星期二																		
星期三																		
星期四																		
星期五																		
星期六																		
星期日																		

安静心率					体重				
	运动负荷等级				1	2	3	4	5

注：第21~28周请按照以上格式继续记录日志。

5. 健康饮食

> 不良的饮食习惯对我们肯定是有害无益。只有正确的饮食,即适量、多样化、富含膳食纤维、天然、营养均衡的饮食,才能让我们的身体得到足够的能量补充,并让我们始终保持最佳状态。

合理的饮食

"让食物成为你的药物。"这个理论是古希腊医学家希波克拉底在 2400 年前提出的,而且到现在也没有过时。健康和饮食的关系十分密切。可惜的是,我们经常吃一些危害健康的食物,这些食物常常是很危险的:它们会夺走我们身体所需的能量并影响新陈代谢。反之,合理饮食能帮助我们保持健康并处于最佳状态。刻苦的训练和合理的饮食是缺一不可的,否则就会给我们的生活带来麻烦。

这里所说的合理、健康、天然的食物,具体来说就是含有丰富的蛋白质,足够的碳水化合物和少量脂肪的食物。还要多吃水果和蔬菜,因为其中含有很多对人体有益的维生素、微量元素、矿物质和膳食纤维。这也是为什么我们每天要吃掉盛在盘中的那么多食物的意义所在。因此,我们不应该将其视为负担,而应该当成是一种补充营养的机会。其实,想要让饮食变得有意义一点都不难,只需要吃些您真正喜欢吃的,而不是强迫自己吃那些让身材变得苗条的食物。如果您违心地去吃食物,那么这种进食就毫无意义。要让吃饭变成一种享受,不要试图去违背自己的意愿——当然必须适量并且有意识地加以选择。

> 真正的生活由各种微小的变化组成。
> ——列夫·托尔斯泰

提供能量的食物

对于人体来说,基本上每一种食物成分都有其特定的功效:

> 碳水化合物能快速为肌肉和大脑补充能量,1 克碳水化合物能提供 16.7 千焦(4 千卡)能量。

> 蛋白质是组成身体的基本物质。不管是肌肉还是其他组织细胞,包括各种酶,都是由蛋白质的基本单位——氨基酸构成的。1 克蛋白质能提供 16.7 千焦(4 千卡)能量。

> 脂肪能提供身体即时所需的能量,多余的脂肪会储存在脂肪细胞中。1 克脂肪能提供 37.74 千焦(9 千卡)能量。

> 维生素、矿物质和微量元素对于控制复杂的新陈代谢过程来说是不可或缺的。

> 水负责一切营养成分在人体内的运输,并调节体温。

对我们而言,重要的不仅是吃什么,还在于什么时候吃。如果我们的身体发出不想再继续运动的信号,那一定是已经处于缺乏能量补给的状态。所以,在三餐(早餐、午餐、晚餐)之间最好再增加两次点心时间,只有这样,才能保证血糖正常,进而保证训练水平。一天多餐还有利于更好地吸收维生素和矿物质。一次性吃过多的食物反而容易造成能量的堆积,形成多余脂肪。

一份健康的食谱应该这样搭配

> 55%～60%的碳水化合物(牛奶麦片、全麦面包、谷类、面食、米饭、土豆、玉米、胡萝卜、豆类、菌类、橙子、西柚、猕猴桃、苹果、杏仁、李子、草莓、樱桃、葡萄、哈密瓜等)。

> 10%～15%的蛋白质(牛奶、酸奶、农舍奶酪、鸡蛋、鳟鱼、火鸡、鸡肉、小羊肉、牛排、豆腐)。

> 25%～30%的脂肪(食用油、人造奶油、黄油、奶油、软奶酪、松香奶酪、鲑鱼、果仁、青鱼、鲭鱼、开心果、鳄梨、意大利腊肠、熏肉肠、火腿、肝香肠)。

供求比例

我们吃食物是为了给体内细胞的持续更新提供必需物质,为身体提供"燃料"。食物首先是被消耗的物质,为我们肌肉细胞(线粒体)中的上百万个"发动机"提供燃料。依靠食物提供的能量,我们的身体才能维持24小时全天候运转。

身体的奥秘

有规律的越野行走锻炼可以让您重拾对身体的控制感。您要相信您的身体,它会对自己需要的物质产生本能的要求。不过,请不要将这种需求和生理上的欲望相混淆。

能量的摄入和需求必须保持平衡。统计数据显示,在现今的环境里,我们每天都会摄入 10%~20% 的过剩能量。也就是说,我们摄入的食物远比我们需要的多。

能量守恒

肥胖之所以产生,是因为身体通过食物吸收的能量大大高于消耗的能量(破坏了"能量守恒")。如果进餐时身体吸收了过多的脂肪和碳水化合物,多余脂肪就会积聚在脂肪细胞中。对成年人来说,随着肥胖现象的产生,脂肪细胞的含量和大小都会增加,同时脂肪组织中胰岛素受体(胰岛素接收器)的数量和敏感性会减少和降低。脂肪细胞对于胰岛素的反应下降了,并且机体无法充分利用进餐后升高的血糖(葡萄糖),因此饥饿感也不断增强。

当我们吃食物的数量和我们身体所需的能量基本一致时,一切都会显得秩序井然。细胞会有节制地膨胀,然后再恢复原状。但如果吃的比所需的多得多,那么机体就会陷入一个恶性循环:脂肪细胞逐渐增大,且当我们身体内的脂肪含量达到 30 千克的临界值时,机体就会开始生成新细胞——为了储存多出来的能量。

研究表明,每周多消耗至少 6270 千焦(1500 千卡)的能量,能显著地减轻体重。也就是说,我们需要每周增加 3~5 个小时的运动量,比如越野行走。

减肥的本质在于保持身体能量守恒。

运动食谱

特种饮食可以说都是毫无意义而且也没什么实际作用的。只有一类特种饮食对您来说是有效的,那就是运动食谱。越野行走是最有效、最好的运动形式之一。定期进行越野行走训练,平均每小时就要消耗 1672 千焦(400 千卡)的能量,能有效地帮助您减肥,保持苗条身材。

后燃烧效应

体育运动会生成促进脂肪燃烧的刺激信号。也就是说,当您在越野行走时,您就在燃烧脂肪。而越野行走最大的好处是,进行过越野行走之后,身体在静止状态也会燃烧更多的能量,即使您只是坐在写字台前或者躺着睡觉。这种现象我们称之为后燃烧效应。

后燃烧效应的大意是:人体在一定时间内承受某种负荷之后,能量消耗仍然在显著增强——最长可持续 15 小时。也就是说,除了训练期间,脂肪燃烧还将在训练结束后持续一段时间。那么,这种现象是如何实现的?

> 糖原储存体被再次充满。
> 血液内积聚了大量氧气。
> 运动产生的新陈代谢废料必须被分解掉。
> 身体散热活跃。

饮食日志

能独立产生脂肪的食物并不存在,奶油做不到,巧克力和酱油也做不到。只有当我们体内的能量大大超过所需数量后堆积在一起,才会产生脂肪。肥胖也不是因为吃得太多而引起的,往往是因为错误的饮食习惯所造成的。您可以尝试一下,对接下来两周里吃过的食物和喝过的饮料做个详细的记录:

> 食物名称和食用方式。
> 食用量(比如1块、1片、1勺、2杯等)。
> 用餐时间(比如早餐、点心、午餐、下午茶、晚餐时间等)。
> 吃东西的动机(比如"无聊")和情绪(比如"匆忙")。

从而可以判断出您的喜好和弱点,并相应地调节饮食。当然也包括您在某个时间段会失控地去吃某样东西(比如狼吞虎咽或沉溺于甜食中)。

如何避免暴饮暴食

> 吃得专心。不在吃饭时做别的事(比如边吃边读报或者边看电视等)。
> 尽量慢慢吃。因为吃了食物之后,一般要过15分钟胃部才会产生饱的感觉。
> 细嚼慢咽。消化的过程从嘴巴里就开始了。尽量保证每一口食物能被咀嚼20次左右。这样也更容易吃饱。
> 避免站着狼吞虎咽。
> 不要逼着自己吃完。当您觉得吃饱了的时候,就把剩下的食物留在盘子里,即使它可能因此而变质。
> 定期称体重。每周最好1次,并且在同一台秤上。

相信自己的味觉

只吃甘蓝菜、大豆或者水芹?不,绝不。越野行走者需要的可不会是这么单调、呆板的菜单。适合运动人士的菜单应该是没有清规戒律和种种束缚的。如果您整天吃的食物里只有那些膳食纤维、碳水化合物和高营养物质,那就完全失去大碗喝酒、大口吃肉的乐趣了。

小错误可以偶尔为之。吃和喝不应该只是单纯的能量补充,它还象征着生活质量。吃就应该吃出个人风格,吃就应该吃遍天下美味。因为对于吃的兴趣也是很重要的,会享受美食的人更容易保持健康。而所谓适合运动人士的食谱,也必须是那些口感上让人一直津津有味的食品。

> 人们总是会成为他们努力想要成为的人。
> ——让·保尔·萨特

多喝健康饮料

机体在燃烧脂肪时会产生大量酸性的代谢排泄物,因此肾脏在此期间会处于高速运转状态,所以喝的意义就十分重要了——至少 2 升低热量的健康饮料,最好是水、矿泉水、高度稀释的果汁(比如苹果汁混合饮料)、蔬菜汁、饮用乳清蛋白、花草茶、果茶或者绿茶。不要喝咖啡,因为咖啡里的咖啡因是利尿的,会影响体内的液体平衡。那些实在不愿放弃咖啡的人,最好在喝 1 杯咖啡的同时至少再喝 1 杯水进行中和。

给身体放一天假

每周给您的身体留一天空闲时间:吃饭时动作稍微快些,

尽量吃些易消化的食品,放弃咖啡、烟酒和甜食。给您的新陈代谢器官放一天假,这天最好选在周末。

通过一天的"放假",人体排尿增多,人体组织、细胞、关节中的杂质和毒素也会被"冲洗"掉。您的肾脏得到了"清洗",皮肤会更光滑,头发也会更有光泽。

每周一次果蔬汁日

为什么不试试一天里只喝果蔬汁?把1升果蔬汁分成5份,一天内喝完。果蔬汁里最有效的就是含有丰富抗氧化物质的番茄汁。除了果汁之外,您在这一天中还要至少喝1.5升的水。

用心调味

调料不仅能增加芳香和改善口味,更多的是能促进健康,特别是罗勒、香薄荷、咖喱粉、沉香、丁香、绿薄荷、姜、蒜、月桂、墨角兰、牛至叶、迷迭香、鼠尾草、百里香等。植物提取物、草本植物和香料中的成分历来就是天然的药物,这类物质能促进消化系统功能,起到部分杀菌作用,并且能有效预防心血管疾病和恶性肿瘤。调料还能帮助形成唾沫和胃液,这从另一方面而言再次促进了消化作用。

吃出好心情

饥饿常常会影响心情。因为大脑运转需要能量,所以为了能让它始终处在最佳状态,必须保证有足够多的生物能量,而这些能量就源自于我们体内新陈代谢所产生的神经传递素。对人体的感觉器官来说,

> 世界上有无数种疾病,但健康只有一种。
> ——路德维奇·博尔梅

健康塑身的 7 条原则

1. 一日多餐,注重菜式变化和质量。
2. 减少每日脂肪摄入量,并且最好避开纯脂肪食品。甜食不是不能吃,如果您一定要吃,请在吃饭的时候吃,别在两顿饭之间吃。
3. 每天至少喝 2 升健康饮料。
4. 合理规划每顿饭的菜单,不过量饮食,并且吃得尽量慢一点。
5. 根据事先列好的清单购买食物,并且尽量不在饿的时候去买。不管在什么方面都给自己留点"余地"。
6. 正餐要保证营养成分和美味可口。建议您根据口味添加酸菜和调味料。
7. 吃完饭后尽快把碗筷收拾干净。在餐馆里有意识地剩些饭菜。赴宴前后做些消耗能量的运动。

尤其重要的是血清张力素和正肾上腺素。要产生这些激素,人体需要相应的氨基酸。但是这种氨基酸人体本身无法制造,必须通过食物摄取合成。富含这类氨基酸的食物有水果(香蕉、无花果、菠萝等)、全麦食品、果仁、扁豆和马铃薯。其他的,比如可可(包括巧克力)也含有大量色氨酸,色氨酸是构成血清素的一种氨基酸。

图书在版编目(CIP)数据

越野行走 /(德)普拉曼,(德)沙夫勒著;宋逸伦译. —杭州:浙江科学技术出版社,2010.7
ISBN 978-7-5341-3749-5

Ⅰ.①越… Ⅱ.①普… ②沙… ③宋… Ⅲ.①步行-健身运动 Ⅳ.①G883

中国版本图书馆CIP数据核字(2010)第044564号

Original title: Nordic Walking für Einsteiger by Ulrich Pramann and Bernd Schäufle

©2005 by Südwest Verlag, a division of Verlagsgruppe Random House GmbH, München, Germany.

书　　名	越野行走
著　　者	[德]乌尔里希·普拉曼　贝恩德·沙夫勒
译　　者	宋逸伦
版权登记号	图字:11-2007-51号

出版发行	浙江科学技术出版社
	杭州市体育场路347号 邮政编码:310006
	联系电话:0571-85176040
排　　版	杭州兴邦电子印务有限公司
印　　刷	浙江新华印刷技术有限公司
经　　销	全国各地新华书店
开　　本	880×1230 1/64　　　　印张　1.375
字　　数	30 000
版　　次	2010年7月第1版　　　2010年7月第1次印刷
书　　号	ISBN 978-7-5341-3749-5　定价　11.80元

版权所有　翻印必究

(图书出现倒装、缺页等印装质量问题,本社负责调换)

责任编辑　梁　峥　　责任校对　张　宁　　责任出版　田　文